철길 가슴

# 철길 가슴

### 구본윤 제2시집

도서출판 문심

| 작가의 말 |

　모든 것을 벗어던지고 비워버렸다고 생각했던 그해 2019년 겨울, 냉정한 계절처럼 침묵하지 않고 바람 소리와 함께 첫 시집 『말할 걸 그랬다』를 세상에 내놓았었다.
　『말할 걸 그랬다』는 작품의 특성상 인상 깊은 사진과 진솔한 감정을 접목시킨 애달픈 서정시였다면 제2집 『철길 가슴』은 좀 더 사실적이고 혼자 여행길에 오를 때, 텅 빈 나의 허전함을 덜어주고 친근한 벗이 되어줄 풍자와 해학 그리고 가슴 울컥한 내용으로 구성되었다고 해도 과언이 아닐 것이다. 항상 옆구리에 꼭 끼고 다녀도 전혀 낯설지 않은 포근한 나의 연인 같은 시집이다.

　다만 아쉬운 점이 있다면 1집과 달리 접목된 사진이 없다는 점을 이해하길 바란다 그만큼 내용에 더 충실했고 빛나는 사유의 언어를 듬뿍 담아 넣었다가 바로 건져 올려진 순수한 시집이다. 시집에 나오는 화자들은 대부분 저자와 더불어 삶의 언저리에 부딪히며 살아온 사회적 약자의 마음으로 시를 썼지만 『철길 가슴』을 통하여 눈물을 닦아주는 시, 치유와 희망, 그리고 무한한 용기를 가지시길 바란다.

  이 시집은 2023년 여름에 마무리하였지만 여러 가지 사정으로 계절을 넘기게 되었다 시집을 통하여 영원히 가슴에 남는 단 한 편의 詩라도 건져 올렸으면 하는 바람이지만 간지에서 나오는 시집의 사진처럼 이웃들에게 이 시대의 삶의 흔적을 전한다는 마음으로 책머리 글을 마친다.

2024년 05월

星甫 구본욱

| 차 례 |

## 1부 철길 가슴

가을 운치 • 13
겨울 동행 • 14
내 몸 어딘가에 동백섬이 • 15
바람 • 16
몽압 • 17
복사꽃 • 18
사랑의 계절 • 19
사랑, 이울다 • 20
서투른 이별 • 21
술주정 • 22
월동越冬 • 23
진주 목걸이 • 24
착각 • 25
철길 가슴 • 26
평내호평역 • 27
흉년도 섭리입니다 • 28

## 2부 간이역 연정

간이 역 연정戀情 • 31
겨울바람 사이 떠나버린 친구 • 32
겨울 스케치 • 34
기억 아래 아득한 소실점 • 35
내 속의 연인 • 36
달 • 37
민들레 당신 • 38
봄 • 39
사랑한다는 건 • 40
섬이 들려준 독백 • 41
시상詩想 • 42
안심입명安心立命 • 43
예순이 부르는 노래 • 44
유혹 • 46
철학의 변천 • 47
흡연 • 48

3부  **대합실 고독**

꽃과 인생 • 51
대합실 고독 • 52
소주 한잔할래? • 53
뚝심 • 54
늦깍이 • 55
당신 꽃 • 56
바람 불면 언제나 겨울이다 • 57
분신分身 • 58
삶 • 59
소나기 • 60
신神 바람 • 61
어머니의 지팡이 • 62
이별 • 63
첫사랑 • 64
폐허의 미학 • 65
해후 • 66

## 4부  폐철길

고뇌 • 69

꽃이 되어버린 당신 • 70

낯선 들판에 서서 • 71

달맞이 꽃 • 72

마지막 진실 • 73

범유행 • 74

사과 • 76

인생人生 • 77

소나기 역습 • 78

아름다운 봄날 • 79

아버지가 들려준 「황혼 블루스」 • 80

연모戀慕 • 81

접혀진 가을 • 82

청포도 • 83

폐철길 • 84

… 그리고 바다 • 85

후회 • 86

## 5부 기적소리

하루를 사랑했네 • 89
수염(산문) • 90
나팔꽃 홀로 지는 밤 • 92
위로받지 못한 시간 • 93
빈 사랑 • 94
백파白波를 넘어 • 96
바다 위에 피는 꽃 • 97
사람도 섬이다 • 98
상실喪失 • 99
숙맥菽麥 • 100
생生의 유곡 • 101
아버지의 런닝구 • 102
동백섬 • 104
용서 • 105
연인을 만나러 가는 길 • 106
폐업 인사 • 107
화동和同 • 108
나밖에 몰랐던 사람 • 109
기적소리 • 110

# 1
## 철길 가슴

# 가을 운치

나무는 안다
가을은 그저
소복소복 쌓이는 풍경을 밟고 지나간다는 것을
거리에 황망히 흩어진 뒤,
쓸쓸함이 혼자 남아 가을을 나는 것을
나무는 안다
모른 척 돌아가면
그렁그렁한 적요를 걷지 않아도 된다는 것을

## 겨울 동행

방문 앞 웅크리고 밤을 샜다
문틈 사이 찬바람 파고들어 깨어진 무릎이 시리다
삶도 이만큼 아픈 것일까
찢어진 장판 경계선을 오가며 나누었던 둘만의 이야기
추운 날 담요처럼 따뜻했었다
달빛에 물든 문풍지 떠는소리,
잠들만하면 대문 경첩 삐걱대는 소리
바람에 쫓기어 뒤척였던 밤
파르스름한 새벽이 어깨를 흔들 때까지
나는 허락된 어둠의 족쇄로부터 헤어나질 못하고 있었다

새벽빛은 심연과 같이 푸르고 짙었다
멀리서 들려오는 닭 울음소리,
창문 아래 부스스 어둠이 눈을 뜬다
밤새 중화된 움직임이 멈출 때마다
어둠은 짧은 머리털을 쓰다듬곤 하였다
부드러운 달빛이 닿을 적마다 가슴에
붕~ 달이 떠는 것 같았다
시골집, 매서운 바람 불던 밤
밤바람이 삶의 틈새를 비집던 그날
달뜨는 소리, 별빛 부딪치는 소리
연둣빛 인생 가장 떨렸던 밤

# 내 몸 어딘가에 동백꽃이

달빛이 너무 환해
달빛을 감아 올렸습니다
햇빛이 너무 강해
햇빛을 들어 올렸습니다
고함지르며
절벽 아래도 뛰어 내렸습니다
바람소리 거친 날
눈물처럼 떨어진 동백
바람 불 적마다 서러운 몸을 뒤척이고 있습니다
하지만, 지나온 시련과 역경을 돌이켜보면
동백은 꽃 등처럼 환하게 다시 필 것입니다

## 바람

가슴을 치는 듯
웅장하고 장엄했던 목소리
당신 다가오면
두 눈 꼭 감고 가슴으로 느끼고 싶습니다
당신 불러주면
모래알처럼 일어나 달려가고 싶습니다
언젠가 당신 떠나시면
빈자리 노을 질까 두렵습니다
파란 하늘
소리의 파문을 만들어 내신 당신
또다시 다가오면
나뭇가지에 앉아 삶의 깃발처럼 펄럭이고 싶습니다

# 몽압

어둠에 매달린 바위가 굴러왔다
전신이 짓눌리는 공포와 전율
곤두선 시선조차 일어서질 못하고
숨이 막혀 곧 죽을 것 같다
죽으라고 고함 쳐도
소리는 점점 목구멍 깊은 늪 속으로  잠기고

빛도 냄새도 없는 방
두 손발 묶인 채 아무것도 보이지 않았다
눈을 크게 떠도 한 치 앞이 보이질 않았고
한 가닥 꽃향기도 없었다
그것은 섣달 그믐날 한밤중처럼
생판 느껴보지 못한 두려움 그것

아, 검은손 모가질 조여 와도 무아의 순간
희미한 손짓으로 반격 하는 몸부림
불길한 예감에 기성도 질렀지만 아무런 대답 없었다
음, 심장은 데워지고 있을까
어둠 속 던져 버리지 못한 몸 식은땀만 흘러내리고
째각째각 흔들리는 침묵
바람에 펄럭이는 달빛 한 채
눈앞에 한 뼘도 되지 않는 새벽이 서 있다

# 복사꽃

복사꽃 떨어지는 날
떨어진 꽃잎 보고 가슴 아파하지 말자
연분홍 꽃잎 하나 물에 떠서 흘러가더라
밤새워 주고받은 복사꽃 그리움
어디에서 찾을까
기억마저 흘려버린 4월의 끝
그때 눈부신 날 오래도록 머물러
천년으로 남을 그 하루
복사꽃 떨어지는 날
떨어진 꽃잎 보고 가슴 아파하지 말자
바람 불면 꽃잎 하나 거리에 들썩 이더라
길목 꽃잎 위에 앉아 계신 복사꽃 목소리
어디에서 찾을까

## 사랑의 계절

그대는 가을보다 더 가을
조용히 나뭇잎과 작별할 줄 안다
그대는 가을보다 더 가을
쓸쓸히 낙엽 밟을 줄 안다
가슴 두드리는 그리움이여
여, 꽃 같은 계절과 마주서라

## 사랑, 이울다

당신을 사랑할 적에
불붙은 산과 같아라
잿빛 앉은 시간 뒤돌아보니
깊은 밤 헤매는 나른한 꿈 같아라
영원한 불꽃인 줄 알았는데
오래도록 머물다 갈 구름인 줄 알았는데
그을린 세월 당신은 가고
나는 타다 남은 노을 한 자락

## 서투른 이별

목련이 지고
철쭉이 지고
생生이 저물고 또 떨어지고
어떡하나
내 마음 아직 봄이 한창인데

# 술주정

인생 별것 이었나요
길가에 피어있는 한 송이 꽃 같은 것을
인생 별것 이었나요
길가에 널려있는 돌멩이 같은 것을
아무도 탐내지 않아 좌흥마저 비켜갔던 소리
낡은 구두에 걷어차인 달빛이 걸려있는 밤
세상의 것 녹슬었다 핍박 하지마라
짧은 혀끝으로 절망을 노래하는 건
아직 한 가닥 희망이 남아있기 때문입니다

창백한 눈썹을 달고 어둠에 告 하는 건
아직 말 못할 사연이 남아있기 때문입니다
고독한 순간
비틀대는 몸짓으로 별빛을 쫓아갈 때
차마, 따라갈걸 그랬나요
하지만 문밖에 걸어두겠습니다
인생 별것 이었나요
취한 당신 들려주는 바람의 말을

## 월동越冬

절망의 늪
시들지 않은 꽃잎이 엎드려있다
바람은 나를 보지 못하고 지나갔다
달빛에 돌아누운 나는
날이 밝을 때까지 곤혹스러워 했다
겨울이 돌아오는 것일까
따다닥 몸서리치는 날 바람 소리
늪에서 늪으로
밤새 갈대의 늑골을 으스러 뜨렸다
악마디 진 그 소리는 두렵기도 했지만
간간이 흐르는 맑은 노랫소리로 들려왔다

바람 속에서
온몸이 흔들리고 있는 것을 느꼈다
바람을 피해
질척이는 바닥에 얼굴을 묻곤 하였다
절망의 늪
바람은 끝내 나를 보지 못하고 지나갔다
살아남은 나는
아침 햇살을 붙들고 있다

# 진주 목걸이

쩍쩍 금이 간 주름의 틈새
심산유곡의 석청 같은 해가 시들어있다
해는 늙은 여인의 목에 내려앉은 짙은 그늘
무한한 고독과 섭섭한 표정으로
그저 세상을 유랑할 뿐 늘 고혹했고 평온했다
가끔 움직일 적마다 엷은 파도 소리가
주름과 주름 사이 들려왔었다
선연한 그 소리, 잠자는 안방마님의 살짝 벌린 입처럼
미련과 욕망이 혼재돼 있거늘
바다의 일렁이는 고통을 다 받아들인 허영과 사치였다
반짝이는 아침이면 승화된 이슬처럼
뚝뚝 물방울 떨어지는 소리로도 들려왔었지
삶도 이런 것일까
햇살에 부서지며 더 이상 매달릴 수 없는
절체절명의 운명 같은 것
차가운 지성이 땅바닥 뿌려지고
꿰맞추고 터트리길 반복하는 것
그것은 어쩌면 삶에 쫓겨 마디마디 흩어지는
정갈한 여인의 눈물 같은 것
아 솟은 해는 어디로 가고
눈물 대신 버젓이 목에 걸려있는 시든 해

# 착각

떠나는 사람아
조금만 더 늦게 떠나준다면
내 마지막 남은 눈물마저 흘릴 것이니
떠나는 사람아
내 눈물 보이면 행여 돌아올 줄 알았는데
뱃고동 소리
푹 힘없이 떨구어지는 고개

## 철길 가슴

하필 오늘일까 춥고 눈 내리는 겨울밤
굴레를 던져버린 기차는 떠났다
이번엔 다시 돌아오지 않을 것 같다
기차는 점점 멀어져가고
눈물이 채 떨어지기도 전
어둠 속 이별은 속도를 앞서버렸다
끊어진 기적 소리, 철길 따라가 버린 시간
바람은 내 곁에 머물러
남겨진 나 대신 울어야 했다
흰 눈발 사이 흩어지는 커다란 울음소리
떠나고 헤어지면 끝이런가
철길은 더욱 짙은 음영으로 하얀 가슴을 드러내고 있었다
기차 저토록 많은 이별을 내뿜는 기차
또 무슨 이별이 남았길래
굴곡진 시간 이렇게 허술한 울음으로 달려야 할까
눈이 사락사락 내리는 밤
막차는 떠났고 정적만 감도는 종착역
철길은 불마저 꺼지고 눈은 아직도 내리고 있네

# 평내호평역

바람결 소문에 홀로 찾아와
꽃내음 그리운 평내호평역
내가 앉던 벤치도 그대로인데
정 깊은 철길엔 꽃이 피었네
고난의 바람에도 피어나던 꽃
눈 쌓인 그 철길 꽃이 피었네
미련 남은 술잔엔 옛 모습 흔들려
아아 이젠 돌아갈 수 없는 길
슬프게 사라지는 기차의 모습

## 흉년도 섭리입니다

서핑을 하려는데 바람이 없다
소낙비가
잠든 바람의 뿌리를 뒤흔든다
바람도 없는 바닷길
나는 너무 오래 살았다
거칠었지만 속 깊은 파도를 타고
고래랑 춤을 추며
사치스럽게 바다에 오래오래 살고 싶다
"흉년도 섭리입니다"

# 2
## 간이역 연정

사진 하부광 作

# 간이 역 연정戀情

노을 진 눈썹을 달고 찾아온 간이역
기차가 지나던 자리 하얀 꽃이 피었네
깊은 침묵 속 깨어난 희미한 시간
서로 다른 길로 걸어갔던 두 사람
아 평행선 사랑은 이미 녹슨 지 오래
세월은 속도에 편승해 은빛 교감을 들어야 했다

"혼자 왔는교 이게는 접때부터
지키는 사람도 없고 기차도 서지 않심더"

철렁했었다 구수한 사투리에 무너져 내린 담벼락
철길, 내 마음에 농축된 추억의 철길
그리워야 그리워야만 꽃이 되는가
이팝나무꽃이 하얗게 피어난 간이역
가슴 속 깜박이는 아름다운 모든 것
망울망울 그리움 터져 꽃이 된 건가
빈 철길 꽃 향만 가득하다

## 겨울바람 사이 떠나버린 친구

바람에 떠밀려 구름처럼 걸어온 길
길은 우릴 보고 손짓하지 않았다
세월이 날려버린 나의 영웅들은 종달새 울음 따라
하나, 둘 따라가 버렸다
빗장을 잠근 채 까맣게 변한 너는 길섶의 들꽃이었다
바람 불어 꽃잎 뚝뚝 지는 날 나뭇등걸에 앉아
고통을 참고 또 배겨왔었지 너무 높고 가파른 길이었을까
끝끝내 피지 못한 꽃망울, 마지막 가야만 하는 그 길
여, 능금이 익기도 전에 사랑은 끝났던가
아쉬운 사랑 두고 서럽게 서럽게 홀로 져야만 했던 꽃,
허무한 꽃, 들꽃
참기 힘든 아픔이 저며 왔었다,
삶에 부대꼈었다 그럴 적마다 바다, 그 아픔의 바다
얼마나 위안이 되었던지

네가 밟는 자전거 페달 밟는소리
바람에 나부끼는 옷자락만 봐도 좋았다
찬 바람 부는 겨울 바다
가지 못한 길 그립고 그립다 못해 이젠 미워지는 길
먼저 별이 되어버린 학이 가 그리웠나 입술 다문 간절했던 날
한 生의 역사가 연기처럼 사라지고 서러움이 울컥울컥
기어나온다 나는 바다 위 무너져 속삭였다

"해줄 이야기가 너무 많은데, 슬프다 계절처럼
살아생전 친구가 되어줘서 고맙고,
언젠가 우리 다시 만나는 날
그때도 예전처럼 멋진 친구 하자"

차갑고 혹독한 겨울밤의 생기
이 겨울 내가 흘린 눈물도 진작 얼어 붙였을지 모른다
이젠 내가 나인 척 살아간다 해도 진정한 내가 아닐 듯
너는 떠나고 겨울로 가는 저길 흰 눈 내리네.
〈2024년.1월10일. -겨울바람 사이 떠나버린 친구- 효승을 기리며〉

### 내 친구, 학이

세월은 시들고 꽃들은 피어나도
소식 없는 내 친구, 학이
꽃잎 지는 날
훌쩍 떠나버린 하늘이여 새소리가 높았지
울음으로 지나던 자리
남겨진 오후가 아득히 날아가고 있건만

그대여
사랑하는 내 친구여
기억 하시는가
밤새워 퍼마신 연분홍 그리움을

지금도
사무치게 보고 싶은 내 친구, 학이
손으로 휘저어도 지워지지 않는 환영幻影
그대여 내 친구여!
그대 떠난 후 바람을 베고 잠든다

〈2019년 별이 되어버린 친구 종학을 기리며〉

## 겨울 스케치

눈이 소복이 내린 옛 도시
눈 쌓이는 소리만 들리는 고요한 거리
지붕에 걸린 눈이 툭 떨어지는 소리
내 발자국 소리가 외려 소음이 되는 것 같아
자리에 멈췄다 적막, 적멸의 시간
이 찰나의 순간을 그림으로 남기고 싶어 했다

거리가 보이는 작은 찻집
비 맞은 수닭 처럼
엉금엉금 들어갔다
창가에 앉아 종이를 펴고 감성을 꺼냈지만
마음이 혼란스러운지 집중이 되질 않는다
찰까닥거리는 볼펜 꼭지 소리
세상에서 나 혼자 소음을 만들어내고 있는 것 같았다

언제나 이렇게 여행에서의 시간은
자유를 내 앞에 펼쳐든다
"잘 쉬었다 갑니다" 라는 말을 뒤로한 채
찻집을 빠져나왔다
다시 눈이 내리기 시작했다
멀리 누군가의 집에서 새어 나오는 노란 불빛
참 따뜻하다

# 기억 아래 아득한 소실점

펑펑 주먹 눈 내리는 밤
마음의 스위치가 켜졌다
눈 내리는 겨울밤
돌아오지 않는 연인을 그리워하는 노래가 있다
아다모의 "통브 라 네쥬" 감미로운 샹송 선율
"눈이 내리네"
마음을 정화 시키는 선율인가
고요를 더욱더 정밀하게 만들어 주고 있었다

노래는 눈과 엉겨 붙어
서로 날리고 흔들리며 수직으로 하강하였다
하지만 바깥은 아직 분주하지 않았다
가슴으로 다가오는 발자국 하나 없는 날
쏟아지는 눈으로 고독을 그리고 지우길 여러 번
몰려드는 외로움에 더 화가났다
눈은 계속 내리고 있다
무심한 눈은 점점 어깨에 내려앉고
가슴에 걸려있는 거룩한 순종의 겨울 소리
눈 그치면 이젠 이울겠지

## 내 속의 연인

혼자였습니다
넘실넘실 밀려오는 파도 소리
모래바람 너머 연인들의 그림자
떨어졌다 붙었다 다시 포개진 그림
부러웠던 적 있습니다
바다 위 떨어지는 푸른 서정의 소리
바위에 부딪힌 끈적끈적한 웃음소리
언젠가 내게로 다가왔던 것들
어떠랴 이젠 예전처럼 혼자였음을

곤곤히 샘솟는 외로움 조금은 견딜만했었지요
해가 진 저녁 붉게 걸어오는 노을 한 자락
젖은 노을의 걸음걸음 왜 이리 따스하고 쓸쓸했는지
혼자는 압니다, 혼자였던 사람은
간간이 불어온 바람 외줄을 타고 사라졌다,
다시 나타나곤 하였다
바람은 내 마음 깊은 곳 북받쳐 오르는 한밤의 블루스
혼자이면 어느 하나 서글프고 애달프지 않은 것이 없거늘
하지만 오늘은 내가 졌습니다
내 속의 연인이 나 대신 글을 쓰는 밤

# 달

누군가 밟고 지나간다
밟힌 채 드러누운 늙은 달
멀쩡히 공중에 떠 있는 반쪽도 안되는 달
후두둑 달빛이 떨어진다
깨진 그릇처럼 나뒹구는 달빛
달이 찰 때까지
조각을 모으는 어느 날 밤

얼마만 인가
땅에 입술을 대는 달빛이여

# 민들레 당신

바라보지 않은들 어떠랴
당신 있어 좋아라
봄이 오면 봄꽃 되어주고
눈이 오면 겨울꽃
후 불면 바람꽃이 되어라
향기 나지 않은들 어떠랴
곁에 있어 좋아라
바람을 만나면 홀씨 되어
예쁜 웃음 바라만 보아줘도 좋더라
기분 좋은 예쁜 웃음
아 멀리멀리 퍼져라
산들산들 지천으로 꽃피는 당신
먼지 앉은 흰머리로 떠나지 않는 당신

당신 있어 좋아라
곁에 있어 좋아라

# 봄

내게 가까이 더 가까이 와볼래
네 손등에 입맞춤하고 싶어
조금만 가까이 더 가까이 와볼래
너의 봉곳한 숨 소릴 듣고 싶어
꽃피는 너는
말없는 너는
사랑의 전령사
내게 가까이 더 가까이 와볼래
향기 가득한 널 느끼고 싶어

## 사랑한다는 건

낙엽 지는 날 문밖에서 들려오는
떠나가는 발자국 소리
기다림은 어디론가 사라져
흔들리는 문고리
하마터면 뛰쳐나갈 뻔했다

사랑한다는 건
사랑한다는 것은
내가 아니라
진작 그 사람 뒷자락에
붉은 가을이 따라가는 것

## 섬이 들려준 독백

당신이 다녀가신 뒤
혀뿌리가 짭조름합니다
모래알이 물결 속에 부서지고
가슴에는 하얀 거품 꽃이 피었습니다
당신의 도톰한 입술
내 이마를 스쳐 지나갑니다
나에게 다가오는 이 미세한 울림
여남은 개가 되어도 한限이 없겠습니다
어느새 밀려온 당신을 덮고선
나는 까맣게 잠이 듭니다

## 시상詩想

시를 쓴다는 건
시와 내가 나란히 앉아
차를 마시며 정분을 나누는 것
가만히 눈을 감아도
붉은 네 혀끝이 보이는 것
귀를 닫아도
심장 소리 가시질 않고
숨겨둔 나만의 스토리에
솟구치는 감정을 표출하는 것
그러다 그러다
가슴이 뜨거워지면
내 안의 별을 끄집어내는 것,

# 안심입명安心立命

듣고 있는가, 깨우침의 소리를
퉁 ~ 무릎 꿇은 법고 소리 들린다
생멸이 반복되고 양심이 진동하는 소리
목어가 울리고 운판이 운다
네발 달린 짐승과 물고기들
아 날짐승 죄를 씻어 주는 소리
훤한 낮에도 어둠을 쫓고 있거늘

해가 지고
노을은 붉었고 숲길은 고요했다
적요와 깊은 침묵
어둠을 끌어온 범종 소리, 울린다 들려온다
꺼내지 못한 속세의 애절함
산사를 돌고 도는 스님의 애달픈 목탁 소리
여보게, 중생이여
번뇌는 흩어지고 있던가

## 예순이 부르는 노래

인생의 늦가을 떨어지는 낙엽을 보며
나 지금 홀로 길을 걷고 있네
낙엽이 뒹굴 적마다 그동안 잊고 지냈던 사람들
꽃이 되어 하나, 둘 떠 오른다
이젠 삶에 더 이상 바라는 것도 없고
지나가 버린 날에 아쉬움도 느끼지 않는다
바람은 끝없이 불어오고
불어오는 바람결조차 거칠다
바람 따라 흔들리는 나뭇잎
가을이 전하는 억새의 물결소리
바람이 바람을 지나는 인생
아아 그것은 바람의 노래
그 소리는 순간순간 절절할 뿐
먼 옛날 귓가를 잡아끄는 묵직한 소리가 아니었으리
어디 갔나 세월 저편 아껴뒀던 일세를 풍미했던 소리들
무엇을 후회하며 무엇을 기다리는가
잘 가라 갈 길 잃어버린 내 기억의 노래여

하지만 세상의 모든 것 정직했고 아름다웠다
어쩌랴 왜 나는 아직 이토록 아프고 괴로운가
나의 애절함도 나의 간절함도 계절처럼 무너질 뿐
이 순간 오롯이 삶에 열중한 나 자신을 위해
노래하고 싶네
인생의 늦가을 떨어지는 낙엽을 보며
나 지금 홀로 노랠 부르고 있네
오랜 세월 바람을 가득 담은 내 가슴의 노래
언제나 불러지는 헤어짐을 염두 한 노래
그랬기에 이별 후의 이별도 당연한 것이었나
부르는 순간 진작 알았어야 했는데
괴로움이 깨달음이 되어 부르는 노래
예순의 노래 내 목멘 예순의 노래

## 유혹

리어카에 실려있는
바닷물이 쏟아졌다
폐지 더미처럼
주인의 명령을 기다리지 않았다
방탕한 바닷물
짭조름한 신음 소리
속속 뿌리째 올라오는 땅속의 나무

## 철학의 변천

맛있는 음식을 보면 참지 않았다
하지만
맛없는 건 절대 먹지 않는다

세월 흘러 나이를 먹으니
이젠 맛있는 음식을 봐도
그다지 구미가 당기질 않는다

# 흡연

춥고 바람 소리 잦던 밤
왜 그렇게 자주 밖에 나가느냐 물었다

몽환이 손짓하는 숨의 신호
어둠은 빨갛게 타들어 가는 밤을 물고 있었지
바람은 폐장에 온기를 불어넣고
곤곤한 기침은 나중이었다
처량한 시간에 속도감이 붙는다
어둠 속 뭉근히 익어 가는 숨소리
바람 속 흩어지는 빛과 어둠의 소리
한 발씩 걸친 탐욕과 번뇌 였을까
침묵이 타들어 가고 고요가 짙다

춥고 바람 소리 잦던 밤
왜 그렇게 자주 밖에 나가느냐 물었다

들어오는 냄새를 닫아 버렸다
호 몸속 빠져나온 분신이 사라지누나

# 3

## 대합실 고독

## 꽃과 인생

봄이 와도 모르오
봄이 가도 모르오
내 마음 꽃 피면 봄이요
내 마음 꽃 지면 겨울인 것을
아득타 내 인생
꽃 지고 잎 진자리
펑펑 함박눈 덮어주오

## 대합실 고독

비 내리는 간이역 대합실은 생각보다 추웠다
인적마저 끊어진 축축한 대합실
서두른 막차는 방금 떠나버렸다
뿌연 구석 자리, 가지런하게 쌓인 하늘색 소주 공병
쓰러질 듯, 쓰러질 듯 아스라이 취해버린 대합실
불은 켰지만 어두침침하였다 음산하기도 했었다
하지만, 그냥 신문지 한 장 깔고 퍼질러 앉아버렸다
간이역에서, 간이역에서 새벽 첫차를 기다려보았는가
기차를 기다리다 보면 세상에~지독한 고독이 서성였다

덜커덩
기차가 설 적마다 오지 않는 발자국에도 귀가 기웃거렸다

고독, 적막, 황량함에 목덜미를 잡혀버린 간이역
살다 보면 그 누구도 한 번쯤 이런 고독 없었겠느냐
스쳐 가는 인연, 딱 하나만 있었어도 이 지독함 나는 것을
두려움, 외로움 두 개의 심장에 비스듬히 기댄 채
나직나직 콧노래를 불렀다
돌아가는 기차, 기차 시간은 왜 이리 더디게 찾아오는지
추적추적 길쭉한 피곤이 내려앉은 간이역 대합실
역사 밖 처마 밑엔 봄날을 기다리는 비가 아직도 내리고 있다
기차가 서고 기차가 떠나고 나면 언제나 남는 아쉬움

# 소주 한잔할래?

가만, 잘못 들었나 삶을 깨우치는 소리
누군가 보고 싶고 할 말이 있을 때
우리가 뻔히 알고 있는 암호 같은 말이 있습니다

소주 한잔할래?

가슴이 붉게 물들고 싶은 날
소주 한잔하고 싶은 사람이 있습니다
꼭 친한 사이가 아니더라도
소주 한잔하고 싶은 날이 있습니다.
서로의 잔에 그리움을 붓고 싶은 그런 날이기도 합니다
술로 날것의 분위기를 느껴 보고 싶었습니다
취기가 오르면 붉은 가슴도 열어 열어젖히고 싶습니다
힘듦과 기쁨을 한 번에 들이켜
작은 잔에 기대고 싶습니다, 그리고 잔 속에
출렁이고 싶습니다
소주를 찾는 사람, 사람
그렇게 만난 사람은 다 소주 같았습니다
밤을 다한 우리는 결국 혼자가 되는 것
소주 한잔할래?
하루가 저물면 빈 소주병이 술막길 구르는 소리입니다

## 뚝심

또래들보다 먼저 허파에 바람이 난 사람이 있다
밤바다에 닻이 내리면 뱃전을 물리고
어김없이 번쩍이는 지느러미로 헤엄쳐 간다
단물 다 빠지도록 비리고 비린 항구를 떠다닌다
돌아올 땐 저 홀쭉해진 몸
제 것 다 털어주고 다시 은빛 반열에 뛰어드는 사람이 있다

# 늦깎이

말 걸지 마라
생生의 요긴한 것들 노구를 떠난 지 오래
다리가 풀려 오래 걷기도 힘드니
땅 밑이 쩍쩍 갈라져 뿌리가 만져진다
말 걸지 마라
몸이 아파 물 한 모금 못 넘긴 지 오래
부는 바람 등에 지고 거리를 나서니
하늘이 툭툭 따개 져 저녁놀이 만져진다.

## 당신 꽃

꽃이 적멸로 진다
가슴 넉넉한 꽃이 엎드려 있다
어디 내 뜻이련가
심어진 대로 피고 핀대로 지는 꽃
꽃이 늦게 핀다고 아름답지 않던가
행여 꽃이 지기로 서니 바람을 탓하던가
서로의 눈빛만 응시하다
첫 꽃을 피우기 위해 흔들리는 꽃
흔들리지만 변하지 않고
기다리면서 또 기다리는 꽃
어떤 계절이 와도 피울 수 없는 꽃

그 이름 당신 꽃, 당신 이란 꽃

## 바람 불면 언제나 겨울이다


꽃이 피었다 지고
하늘에 새가 날아오르는 따뜻한 봄날
인생의 꽃봉오리
하루아침에 된서리를 맞은 적 있다

침묵과 침묵사이
사람과 사람사이 차가운 간격 벌어지고
몰려오는 서러움
눕혀놓은 바람처럼
자꾸만 일어섰다

바람 불면 언제나 겨울이었다
봄은 균형을 잃고
나뭇가지에 걸려 추락하고
해질 무렵
붉은 노을하나  허리를 감싸 안는다

돌아갈 수 없는 계절
하늘색 바뀌고
세상에 묶인 새 한 마리 울고 있다

## 분신分身

살대 부러진 우산 속
내리는 비처럼 울었다
거리에 버려진
지난 고통의 궤적

비 오는 날
길바닥 뒹구는 우산
전부 내 것이었다
내 몸 밖의 슬픈 것들

# 삶

바람이 도망갔다
나를 빙 둘러싸고 있던 나뭇잎
창백한 낮달도
귓가에 들려오던 웃음소리도
바람이 바람에 날리면서 구름마저 걷어 가버렸다

세월 여닫는 소리
마지막 하루도 떠나버렸다
그렇게 나는 혼자가 되었다

## 소나기

헤어지고 돌아오는 길
소나기 쏟아진다

젖은 지붕 밑
발이 묶이고
추억 묶이고
미움이 흘러내린다

빗물 같은 이야기
하루 종일 쏟아진다

## 신神 바람

신神께서 오셨다
거대한 그 소리는 살아있는 것이었다
압도적인 몸부림
막힌 귀청을 뚫고 나를 찢어놓았다

새들은 종적을 감추었고
새를 잃은 나뭇잎은 마구 흔들렸다
움직임은 숲이 흔들려야 볼 수 있었다
까마득 나무에서 뛰어 내리기도 하였고
때로는 하루에도 수천 번 숲을 들락이며
미친 듯 내 목을 끌어안기도 하였다

압도적인 몸부림
보이질 않지만 보이는 그 소리
분명 살아있는 것이었다
사라지고, 보이지 않는 것들
신神이여, 쓸어버려라
숨어 피는 흔적의 삶을

## 어머니의 지팡이

울 어머니 지팡이엔 강물이 흐릅니다.
세월 꽃 가슴에 피고 지고
강물의 깊이를 알았고
담 모퉁이 돌아서는 등 뒤로
황혼이 저무는 걸 보았습니다

어머니 저는 두렵습니다.
강물이 흐르는 것도 두렵고
황혼이 기우는 건 더 두렵습니다.
강물이 발걸음 얽매일 때에도
멍하니 바라보던 황혼이 질 때에도
아무 말씀 없으셨지요

해 질 녘 노을 뚝뚝 돌아오면
또, 텅 빈 가득한 바람
얼마나 슬펐나요.
얼마나 아팠을까요
이제와 생각하니 목이 멥니다

아침이 가고 저녁 오고
달빛 속 걸어가는 울 어머니 지팡이엔
구부러진 강물이 흘러갑니다

# 이별

어이야
바람 속 부르는 소리
어렴풋 들렸지만 돌아보지 않았어요

어이야
등 뒤로 부르는 소리
나지막이 들렸지만 모른 척 걸어갔어요

슬픈 목소리로 부르지 마세요
슬픈 눈으로도 바라보지 마세요

이젠 어디로 가야되나
어디로 가야 하나요
가다 보면 잊을까
울다 보면 잊을까

그치지 않는 서러움의 길
끝내 혼자 걸어가는 처음의 길

## 첫사랑

아직은 사랑하지 말 걸 그랬다
비도 안 왔는데 무지개가 보였다
훤한 대낮에도 별이 반짝이고
붉게 타오르는 노을만 봐도 가슴이 쿵쿵 거린다
꽃이 필 때도 달과 별을 보아도
내가 품은 웃음 이렇게 많은 줄도 몰랐다
세상은 네 입술처럼 온통 핑크빛
너를 생각하게 하지 않는 건
이 세상 아무것도 존재하지 않는다는 사실
내 곁에는 항상 네가 있었고
내 가슴 도톰한 몽우리는 터져버렸다
새살이 돋아나는 그 자리
차가운 눈빛 뿌려놓고 간 그 자리
탄식의 바람만 불고 있다
이럴 줄 알았으면 사랑하지 말 걸 그랬다

## 폐허의 미학

활활 피워 오른 적멸의 순간
폭발의 흔적을 귀에 걸고
거리를 걷는 여인이여
아 부서지고 찢겨진 넋이었나
사방은 화약 냄새 가득한 폐허의 한복판
얇은 벽 너머 들려오는 파열음

나 돌아갈 곳 없어라
나 노래할 곳 없어라

허물어진 그대여
살아 있다면 살아있다면
내 이름 한번 불러주오
비는 세차게 뿌리고
어둠 속 또다시 포격을 맞네


〈러시아 & 우크라이나전쟁 상흔 中〉

## 해후

누구나 한 번쯤 옛사랑을 만난 적 있다
저만치 내 젊음이 걸어온다
숨어 버릴까
생각과 다르게 몸은 다가가고 있었지
떠나온 시간이 곁에 앉는다
서로의 몸에 새겨진 기억과 감정
파릇한 새싹이 돋아나고
심장 박동 소리가 북소리와 공명할 즈음
등 뒤로 서먹한 바람 한 줄 지나갔다
눈도 맞고 비도 맞고
수없이 부서졌던 미움과 사랑
누구나 한 번쯤 옛사랑을 만난 적 있다
버스 창가 저 너머, 기억이 흩어져 간다
낙엽을 물고, 옛사랑이 흩어져 간다

# 4
## 폐철길

# 고뇌

이 밤 내리는 비 그치질 않아 몸이 선 듯 거렸다
깊은 밤 빗물에 찢긴 차바퀴 비명소리
비는 달려오는 헤드라잇 꽉 물고
미끄러지듯 내 가슴에 얼굴을 묻어왔다
처연한 비 또 그렇게 어디론가 흘러가는 비

내가 사랑한다 했던 사람아
내게 사랑한다 했던 사람아

갈 곳을 잃은 채 모두 어디로 흘러갔는가
내게 기댄 축축한 숨결, 눈부신 너의 눈빛
몰랐다 나는 몰랐었다 내 어리석은 마음으론
지금쯤 그 누구는 알고 있을까
빗줄기 속 헤적이는 빗방울의 의미를
씁쓸한 비 또 그렇게 어디론가 흘러가는 비
한 번쯤 나는 등 뒤로 너를 안아보고 싶었다
하지만 비는 거리에 버려진 꽃잎처럼
조금씩 시들어 흩어져갔다
아 그러나 터져 버린 잠식된 윗 자락
오늘 밤 내 눈앞 마르지 않는 꽃비
아마 밤새도록 내릴 것 같다

## 꽃이 되어버린 당신

비 오는 날
피어나기 힘든 꽃봉오리 당신이었던가
젖은 향기 차갑게 파고들 때
작은 풀꽃으로 흔들려도 나는 좋았다

비 오는 날
여울진 이름을 불러주던 그대 당신이었던가
비 갠 뒤 하늘에 무지개처럼
한참을 바라볼 수 있어 나는 좋았다

늦었지만
늦었지만 응달진 내 뒤란
꽃잎으로 뚝뚝 떨어지는 당신 그립다
당신이 그립기만 하다

## 낯선 들판에 서서

앙상한 가지에 걸려있는 숱한 사연
내리는 저 눈은 알고 있을까
겨울은 아직 그대로인데
님은 왜 벌써 떠나가려 하오
눈 덮인 겨울 들판 하얗게 보이는 북녘땅
녹아든 그 이름, 번지는 시간 들
들떴던 이야기, 함부로 말하지 마오

님은 떠나가고 혼자 걷는 들녘 길
말하고 싶지만 차마 말할 수 없는 그 마음
떠날 때까지 나는 왜 몰랐던가
눈앞이 눈처럼 뿌옇게 흐려오던 날
먼발치 철새들, 떼 지어 날아가네

## 달맞이 꽃

밤 깊어 만개한 침묵
무수한 이파리 터질 듯 고요하다
진작 피고 싶은 건
내 가슴 꽃이 피는 것
달빛에 머물다
바람 불면 향기 되어 날아가는 것

# 마지막 진실

사랑했던 시간
행복했던 시간보다 더 오래 기억되는 것은
그 사람의 마지막 모습입니다

좋은 순간
사랑한다 사랑한다는 말은 누구나 할 수가 있습니다
하지만 고통스런 이별의 순간
인연을 벗을 수밖에 없는 순간이 있다면
바로 마지막 모습입니다
그 순간조차 아마 우리네 인생의 한 조각 아닐까요

살아있는 것은 살아있다는 것은
마지막 순간에는 뭔가 여운을 남기고 싶어 합니다
그러면서 늘 마지막 순간이
오지 않기를 기대하면서 말입니다

## 범유행

헐떡이며 뛰어도 앞으로 나아가지 않는 생生
단지 걷고 있다는 사실에 의지하는 법을 배웠다
세사에 현목 하던 시선조차 낮게 가라앉았다

떠 있다는 것
나아갈 수 있다는 것

부력의 총량으로 가늠할 수 없을 만큼 절실하였다
세상은 언제까지 거친 발굽으로 걸어가야만 되는가
돌부리에 걸려 발을 삐꺽 대도 아무 말 못했다
가느다란 바람에도 뼛속 깊은 곳 춥고 시려왔지만
아무 말 할 수 없었다

생生은 아시는가
하고 싶은 말, 억지로 품고 살아가는 요즘
사냥을 위해 뿔을 갈아야 했고
늘상 뿔을 세워 침입자를 막아야만 했던 고통을

생生은 아시는가
답답하다 너무 답답해서 무슨 말이라도 해야 했지만
내겐 입이 없었다, 그러나 침묵은
빨래를 쥐어짜듯 온몸을 뒤틀어도 비명 한 번 없었다

집으로 돌아오는 길
꽃 진 자리 새들이 쉼 없이 말을 걸어왔다
그러나 끝내 말을 할 수가 없었다

# 사과 

업혀있는 아이의 손
먹기 좋은 빨간 사과가 쥐어져있다
기차가 덜컹 일 적마다 사과가 떨어지길 기다렸지만
그럴수록 아이의 두 손은 꽉 쥐고 놓질 않았다
한입 베어 먹은 선명한 잇자국
뭉개진 속살의 아픔이 선명하게 솟아오른다
사과는 베어질수록 초승달처럼 커다랗게 보였고
아 그 아삭거림,
어찌나 크고 맑게 들리던지
눈으로 몇 번이나 째려보고 뺏어 먹었는지 몰라
혹시나 기다렸다,
열차가 얼굴을 붉히며 더 세게 덜컹거리길

얼마나 지났을까
배고픔은 꽁지깃 빠진 새처럼
엉금엉금 객차 난간을 기어 다녔고
아이와의 밥그릇 싸움에서 지고 있다는 걸
한참 뒤에야 깨달았다
지금도 어둑한 하늘을 보면
튼실한 사과 하나 매달려있는 것 같다
손가락으로 꾸~욱 누르면
붉은 물이 뚝뚝 흘러내릴 것 같다

## 인생人生

맑은 이슬이 사방으로 튀었다
풀잎에 탐욕이나 욕망 같은 언어가 묻어져 있다
그것들은 세상에서 버려진 먼지뿐인 쓰레기
이슬이 걷히기 전
침묵의 광도 안에 사물거리는 자아 해방
가는 혀가 하늘을 향해 파르르 날름거렸다
그것은 경험해 보지 않은 액티비티activiti
아 욕망의 찌꺼기를 털어내는 몸짓들
그렇다 인생人生
인생人生은 오지처럼 자연 그대로가 참 좋은 것
이슬처럼 풀잎처럼
희뿌연 가슴 끝을 그대로 드러내는 것

## 소나기 역습

먹구름이 몰려온다
구름의 반란인가
섬광이 번뜩이고
하늘에서 총알이 쏟아진다

시커멓게 탄 하늘
숨죽인 바다
떠다니는 파편들

## 아름다운 봄날

길을 가다가
아름다운 꽃밭을 만나거든
실컷 노닐다 가시오
꽃향기와 풀 내음 물씬 풍기는
봄기운을 받아 가시오

꽃 피는 소리 들리시나요
흩날리는 꽃잎도 보이시나요

인생人生이 오늘만 같다면 얼마나 좋을까
지나가는 길손이여
아름다운 꽃밭을 만나거든
실컷 즐기다 가시오

# 아버지가 들려준 「황혼 블루스」

아버지 바람 소리가 들리십니까
나무는 빈 가슴일수록
인고의 세월을 안다고 하셨지요
지금 제 앞에는 바람이 짙을수록 큰 나무 하나
나뭇잎만 뚝뚝 떨어뜨리고
노랗게 늙어가고 있습니다
아버지 아버지는 말씀하셨지요
빈 가슴 노을이 타면 바다에 몸을 담그라고 하셨지요
노을은 멍이라고
그냥 가슴을 후벼 파는 상처라고 말입니다
아버지 바람 소리가 들리십니까
지금 제 앞에는 바람 소리에 몰려
잘 여문 열매가 어깨 위에 떨어지고 있습니다
아버지 이젠
앙상한 가지만 울어대는 회색 능선 위
새들도 떠나가고 노을만 물들고 있습니다
황혼이 깃드는 삶
건넛산 넘어가는 바람을 바라보고 있습니다

## 연모戀慕

사랑하는 이여, 끈을 묶자
모진 풍랑
흔들리지 않게

어떡하나
저기 갓 부화한 그리움이 떠내려오는 건
내겐 혜안의 미소일 터

가슴 가득 차오른 추억
바가지로 퍼내지만
사랑하는 이여
그대 생각
끝이 보이질 않구려

## 접혀진 가을

나뭇잎 하나 쥐고 네가 오고 있다고 들었다
섬돌 밑 구르는 바람소리
여, 쓸쓸함을 날리던 바람
살 부비는 숲속을 건너온 것인가
심장에 올랐던 바람 소린
잊을만하면 돌아와 앞섶을 툭 치고
성큼성큼 멀어져 갔다
가을은 비어있고 멀리 있는 것이 더 아름다웠다

갈색 나뭇잎이 떨어진다
아 떨어지고 또 추락하는 것들
바람이 헤적일 적마다 주위의 나무도 세포도, 가뭄 이었다
몸 안의 물이 마를 때쯤 혼자를 깊이 묻었다
가랑이 사이 떠도는 시간
낙엽은 흩어진 눈빛을 모으기 시작했다
거칠고 투박한 느낌 곳곳에 서 있었지만
황홀하였다, 하지만 정연되지 않은 네가 좋았다

같은 하늘 같은 계절
가을은 밀행에만 뛰어난 게 아니었다
윤회하는 가을
가을은 그렇게 낙엽을 날리고 있었다

# 청포도

지치지 않는 것이 있다
담벼락 걸터앉은 시큼한 것들
저리고 아프다
소리 없이 울어도 보았지만
망각으로 흘려보낸 긴 터널

자 보아라
무더운 여름
고뇌와 외로움 둘러매고
지치지 않는 것이 있다

## 폐철길

내 몸을 관통하는 기적 소릴 보았다
시커먼 기적소리 울리면
미친 듯 뛰어나가 보아라
둥둥 멍울진 이별이 올라올 것이니
그가 가리키는 철길을 걸어보아라
나뭇잎 쉰 소리 굴러올 지어니

만약 그대 몸에 기찻길 새겨진다면
떠나간 그 사람 찾아오리니

# .... 그리고 바다

내 나이 노을, 바람 부는 아침
철부지 딸내미를 환호하는 수능 시험장에 보내고
깨진 나뭇잎을 손바닥에 주워 담았다
나뭇잎에 묻어있는 수많은 흔적, 한 점 쓸쓸함
불어온 바람은 나뭇잎 몰고 저만치 사라지고 있었다
이별하기 위해 누군가의 가슴으로 떠나고 있는 중 일수도
가지에 남은 바스락 찬 소리만
귓바퀴를 타고 돌았다
다 끝냈다는 안도감
그간 고생한 시간들에 대한 보상이랄까
아이의 안쓰러움이 교차하는 순간
코끝이 찡해 오는 것을 느꼈다
뒤돌아보면 풍운과 비운으로 점철된 삶
아 살아있구나, 살아 있었구나
절박함이 묻히기 전까진 결코 떨구지 못할 내 삶의 그림자
아직 멀기만 한 인생은 종착역은 어디까지일까
오래도록 떠나지 못하고 서성이는 괴리감
착잡한 마음에 인적 드문 바다를 찾았다
옆에서 한 여자가 훌쩍인다
수없이 되풀이되는 파도의 몸짓을 보고

## 후회

갔어야 했다
기다림 없이 갔어야 했다
그대 없는 빈자리
하루 종일 심심한 이곳
솜털 같은 하얀 그리움만 남는 곳
머물 이유가 없다
그때 바람에 실려 갔어야 했다
가슴 텅 빈 흰 구름이 될 바엔

# 5
## 기적소리

## 하루를 사랑했네

허전함이 흔들 때 하늘의 별을 보아라
가을 해가 질 무렵 무겁던 짐을 내려놓았다
인연은 떠났고 마음은 그 자리
별과 허전함은 한 몸이던가
가난한 가슴을 토닥이는 것,
그려 외로워서 홀로 떠도는 거라
이제서야 보이네, 어둠 속 묻혀버린 한恨 같은 것들
얼마나 외로웠으면 얼마나 절실했으면
밤하늘의 별들을 그렇게 빛나게 그려 놓았을까
별빛이 번득이는 소리, 안내방송 소리
낯설지 않은 소리 소리들, 머리에 이고 땅 밑을 만난다
잘못 들어섰나
나를 밀고 온 시간, 뒤따르던 발자국 하나씩 지워져 가고
차창에 부서지는 궤적 내 모습처럼 퍼렇다
그 누군가가 채워줬으면 하는 빈자리
나는 지금 허접한 명찰을 달고 달리고 있네
하지만 진작 내가 고통스러워하고 그리워하는 건
내 곁에 걸어가는 묵묵한 발자국 같은 것들

## 수염 (산문 詩)

바람 부는 날
모든 게 귀찮아질 때가 있었다

나를 따라 문을 밀고 들어오는 게으름
아귀에 힘을 주고 힘껏 밀쳐내었지만
힘에 부쳤는지 끝까지 따라 들어왔다
쏟아지는 새소리
부산한 아침에 부딪힌 거울
낯선 나를 보고 성큼 한 발짝 물러섰다
한 열흘이나 되었나
면도를 하지 못한 처음 보는 자화상
아 자연인의 본체일까
시간의 산을 휘돌아 검은 숲이 걸려있었다
덥수룩한 어둠 속
빛나는 자유의 언어를 담는 순간 면도날에 턱이 베였다
상처 입은 짐승의 절규
세포의 뿌리가 흘러내리는 것 같았다
왠지 기분이 묘했고
찾아드는 슬픈 느낌은 아픔을 걸러내었다
이런저런 연유로 "슬픔은 물로 된 불"이라고 말하는 걸까

내친김에 수염 한번 길러볼까 하고 자문을 구한다
수염에도 길이 있었다
얼굴과 코등 경계선을 그어야했고
결 따라 무성한 인생의 발아
그러다 그러다 농축된 결 따라 잔해 속, 집을 짓는 것
그러나 손끝에 끼운 시금치를 다듬듯
수고를 들어야만 했었다
음 콧수염에 까끌한 구레나룻 만져보며
거울을 다시 들여다봤다
수염하나 멋 내기도 참 거추장스러움이
많다는 것도 처음 알았다

바람 부는 날 비누 거품 버그르르 녹아드는 아침
나를 둘러싸고 있는 숲 같은 그곳
오래된 고향처럼 자꾸만 손이 가기 시작했다
쉰 얼굴 위
펼쳐진 투쟁의 역사, 새로 고쳐지고 있는 중

## 나팔꽃 홀로 지는 밤

시간을 묵도하는 어둠이 지나고 있다
별이 뜨고 나팔꽃 홀로 지는 밤
어깨에 내려앉은 적막은 무거웠다
지나가는 바람의 소리도 허투로 들리지 않는다
바람하나 묵직한 어둠 휘몰아 가고
이파리 앉은 별빛이 일렁이기 시작했다

바람소리
별빛 떨어지는 소리

거친 숨 몰아쉬며 응결된 촉촉함이 가슴을 찔러댔다
맨살 깊숙이 파고든 비밀의 향기
난, 알지 못했다.
기저에 깔려있는 암호 같은 편린들
왜 아픈 그리움의 별은 가슴에 반짝 이는가

나팔꽃 홀로 지는 밤
내 몸에 엉겨 붙은
무뎌진 여름이 지나고 있다

# 위로받지 못한 시간

걸을 수 있을 때 다가가고
사랑할 수 있을 때 사랑하라
인생은 바람 같은 것
소리 없이 언제 떠날 줄 모르니

눈을 뜨면 다들 어디로 가고
바람과 음악과 마음만이
구름처럼 둥둥 떠다닐 터이니
그땐, 나도 모르게 눈물이 흐르리라

숨고 싶은 세월
이제 먼 길 떠날 채비를 하자
걸을 수 있을 때 떠나가고
이별할 수 있을 때 이별하라

마지막 그리움 찍어
아직도 떠나지 못하고 서성이는 시간

# 빈 사랑

사랑은 눈처럼 소리 없이 세상을 바꾸는 것
내가 자는 동안에도 눈은 계속 내리고 있었다
눈을 떴을 땐 사랑은 녹아버렸고 이미 떠난 뒤
차가운 가슴을 쥔 채 문고리를 박차고 쫓아갔지만
발자국조차 남기지 않았다
미웠다 뻣뻣한 고독이 튀어 오른다
서러움 한 뭉치 끌어모아 발길로 걷어차 버렸다
아 내 몸속 통속적인 것들이
추한 모습으로 날아가누나
두고 간 마음이 날아가고 찡했던 눈빛조차
하얀 눈 되어 떨어진다

눈은 아직도 내리고 있다 흰 눈밭 사이
낙엽처럼 갈 때 가지 않고
누렇게 말라 죽어있는 쭉정이
한물간 욕망의 찌꺼기들, 그 혹독한 것들
젖어오는 구두 밑창 아래
쩔꺽쩔꺽 생生이 엉긴 채 들러붙는다
춥다 머물다 가는 계절,
아무리 떠돌다 가는 계절이라지만

그 어느 겨울도 이러진 않았었다
아무도 걷지 않은 숫눈 위
철새 한 마리 눈 위를 박차고 날아갔다
눈 위에 떨어지는 무른 복숭아 살 같은 햇볕
얼어붙은 뺨은 주먹으로 꾹 누른 것처럼
붉고 깊이 패어만 가고
어쩌랴 눈 감으면 아직도 뭉개진 겨울눈,
가슴에 푹푹 내리는 것 같으니

## 백파白波를 넘어

가던 길 멈추고 뒤돌아보니
파도는 아직도 바다를 넘고 있다

어디로 흘러가고 있을까
어디쯤 흘러왔을까

이제 우리는 잠시 발걸음을 멈추고 쉬어가야 한다
살아오며 바다를 사랑 했을까
살아오며 삶은 사랑 했을까
험난할수록 풍랑은 더 아름다운 것
힘들고 어려웠던 순간들
매달리고 싶었던 욕망의 시간도
지금 조용히 눈을 감고, 그때를 추억하다 보면
모두가 놓치고 싶지 않은 그리움이거늘
아 파도소리 들려온다, 바람 속에 흩어지는 파도 파도

이제는 어디쯤 왔는지
어디로 흘러갈 것인지

생각하지 말자 걱정하지도 말자
머리 곱게 다듬고 기다리다 보면
언젠가 바다가 나를 데려갈 것이니

## 바다 위에 피는 꽃

해 질 무렵 바다 위에 핀 꽃들을 보았습니다
처음 보는 꽃들이었지만
동그란 꽃망울만 보이고 안녕하는 그 꽃들
"벌써 해 넘어가네"
이별할 땐 참선하러 들어간 스님의 뒷모습
노을의 붉은 걸음걸음 어찌 그리 애잔하던지
침묵하면 할수록 더욱 또렷해지는 기분 좋은 향기
해넘이가 남긴 저녁노을이 여운을 남깁니다

바람 불면 옹골진 절벽 물길, 서늘히 피어나는 꽃
파도, 아직도 무슨 할 말이 남았는가
하얗게 꽃잎 날리듯 일어나는 물보라
아서라 그것은 서러운 물너울처럼
자유롭길 갈망하며 떠나가는 것
바다랑 이렇게 잘 어울리는 꽃, 세상천지 또 있을까
파도를 맞고 물 첨벙이는 소리
해 질 무렵 바다 위에 핀 꽃들
오늘 저녁에도 소박하고 환하게 피어날 것입니다

## 사람도 섬이다

가만히 계실 땐 몰랐습니다
파도치는 날 당신을 만났을 때
가슴이 한없이 부풀어 올랐습니다
말간 하늘에서는 또렷하게 보이고
짙은 안개 있는 날
보일락 말락 운치가 있어 더 좋았습니다

사랑한다고
사랑한다고, 속삭이던 야생의 숨결

대낮에도 거친 물결 되어 가쁘게 달려갔었지요
어둠이 잦아들면
내 눈가를 내 가슴을 뜨겁게 달구기도 하였습니다
하지만 당신의 새벽은 무척 아름다웠지만
너무 짧아서 아쉬웠습니다
어느덧 당신과의 행복한 순간 그림이 되어
오래된 내 고향처럼 무지 그리워집니다

## 상실 喪失

꿈같은 지난날
마른 잎 부서지듯 소리 없이 사라져 가고
들풀 같은 모진 인생
뒤통수도 맞았지만
이젠 너무 많이 걸어 다리가 아픕니다

걷다가 지치거든
저 높은 하늘로 숨었다가
바람 불면
가지 끝에 잠시 쉬었다 가렵니다

그늘 아래
잔가지를 흔들며
새들이 내려앉는 모습
가만히 가만히 지켜만 보고 있을 겁니다

늙는다는 건
아마 스스로 새가 되어 날아가는 것 같습니다

## 숙맥 菽麥

바람에 흔들리는 숲의 소리
새들은 응달진 나무를 찾아들어
아직 오지 않은 봄을 기다리고 있는 것 같다
숲에서 목청 좋은 새소리 들려온다
당신을 부르는 내 목소린가
작은 아파트 거실의 적요를 찢어 놓았다
나도 저 새처럼 거침없는 소릴 질러보고 싶었다
나도 저 새처럼 나뭇가질 죽으라 흔들고 싶었다
뭇가지들 속에서 홀로 가지가 흔들리는 것은
당신이 내 안에 날아와 앉았기 때문이다

하지만 내 가슴은
애절함이 없고 그리움도 없는 메마른 가슴
내 심장이 당신에게만 반응해도 말 한마디 건넬 수 없었고
내 머릿속은 당신 얼굴만 그려내도
단풍처럼 붉게 물들었었다
새 날고 달빛 내리고
가끔 소식 올 적마다 내 가슴 달하나 떠올랐지만
바람벽에 앉아 가슴의 갈피를 넘기는 이 계절, 춥기만 하다
이제 다가갈 수 있을까
세상사 어둑한 나는 아직도 그 길 위에 서 있네

## 생生의 유곡

내가 지나온 어제는
지워진 줄 알았다
가지에 말라붙은 시간의 흔적
쓰~억 그물처럼 내려앉은 짙은 그늘
놀란 새가 푸드덕 솟아올랐다
생生의 봄이 오는 것인가

계절은 겨울을 건너뛴 듯
파들거리며 다가섰다
네 떠난 숲속에도 봄은 오고
네 없는 가지에도 꽃은 피더이다
꽃잎 떨어져
어둠 떨어져
발밑에 들려오는 구슬픈 풀벌레 소리

## 아버지의 런닝구

간밤에 비가 왔었다
나는 빗소리를 들으며 잠을 설쳤다
비가 오면 굴뚝에 아버지의 연기가 피어오른다
쏟아지는 비속에 승화된 연기처럼 펄럭이는 런닝구 하나
구멍이 숭숭 나고 헤어진 런닝구가 보기싫어
아버지의 팔순 선물로 누나가 사주셨다
그 비는 아버지가 돌아가실 적 누나가 쏟아놓은 눈물 같았다
어둠 속 오랫동안 내려 슬픔이 무릎까지 차올랐지만
비는 도무지 울음을 걷잡질 못했다

내리는 비
울음을 그치려고 제 가슴에 주먹질하는 비
하지만 비는 여전히 그치질 않았고
천둥소리만 연거푸 들려왔다
시간은 정신없이 퍼붓는 소나기로 변해
온통 흙탕물로 괴어있는 아버지의 웅덩이
버스가 지나가자 질퍽한 아버지의 가난이 옷에 튀어 오른다
그렇게 가슴에 내리고 적셔지던 비
체온을 벗어나 겸허해져 있었고
또 어디론가 사라져버렸다

누나의 눈물도 아버지의 가난도
도랑을 이루며 하수구로 흘러내린다

이제 더욱 짙어 가는 아버지의 연기만 피어오를 뿐
비가 오질 않아도
재잘거리던 멧새의 울음도 끊겨 버렸다
하늘에 비 그친 후
가슴 속 걸려있던 축 늘어진 아버지의 런닝구 하나
바람에 펄럭인다

## 동백섬

그 섬에 가고 싶다

파도가 일고 바닷물이 갈라지는 소리
부대끼며 포개진 입술 동백은 아프다
아 얼마나 많은 꽃들이 슬퍼했을까
간간이 불어오던 바람
가던 길 되돌아봐도 황량한 새소리뿐
더 이상 대답 없는 시공들이여
이왕이면 쓸쓸함 이런 것 하나쯤 싣고 가버리지

새소리 바람 소리 들려오는 그 섬에 가고 싶다
뚝뚝 모가지를 떨 군
동백꽃이 슬픈 곳에 다시 가고 싶다

# 용서

이젠 소용없는
내 아픈 기억

거리에 버려진 약속
용서를 빕니다

뒤늦은 아들의 후회
그곳에 닿기를

## 연인을 만나러 가는 길

오늘 이별할 걸 예상하며
약속한 날짜는 생각보다 빠르게 흘렀다
곧 다가올 무거운 슬픔을 간직한 채
연인을 만나러 가는 길
흐린 날씨 단정하게 옷을 차려입고 길을 나선 하루

연인이 떠나지 않길 바라며
진심이 떠나지 않길 바라며

후회도, 유쾌하지도 못했다
피워낸 새 꽃이 빛으로 부서지는 아찔한 순간
바보 같은 이별을 준비하며 받아들이는 시간
왜 이래야만 하는지도 모른 채
집으로 가는 길
맞잡았던 손 사라진다

가지 못해 멈춰버린 감정인 줄 모르고

## 폐업 인사

미안합니다

저는 이제 날 수가 없습니다
날개가 있어도 날 수가 없습니다
봄이 와도 지저귀질 못합니다
등짝에 매서운 돌멩이 날아들어도
다리에 힘이 없어 도망도 못갑니다
바람 불면 찬바람에 무뎌진 사소한 두려움
내 몸은 그래서 더 아파옵니다
제가 할 수 있는 일은
노을이 타들어 가고, 길이 어두워질 때
이 가지 저 가지로
살기 위해 총총 옮겨 다니는 것뿐입니다
작은 소망 있다면
잔가지라도 좋으니 바람 불어와도 좋으니
튼실한 나무에 쉬고 싶습니다
울창한 숲 사이
바람 소리 물소리 시원한 폭포 소리
대자연의 심장 소릴 듣고 싶습니다

미안합니다, 날지 못해 그렇습니다

## 화동 和同

기차를 타다가 기차처럼 달리는 별을 보았다
어둠이 점등할 시간 내 손끝 닿진 못해도 별은
밤하늘 콕 박아 넣은 빛 돌처럼 어둠을 반짝이구나
깜박이고 반짝이는 별
너는 광년을 달리고도 어찌 쉼 없는 점멸을 반복하는가
멀리 별빛 하나를 쥐고 또 다른 기차가 달려온다
들려온다 질주하는 어둠의 소리가
뼈마디가 부딪치는 거친 음색
은은한 떨림으로 긴 건반을 짓누르며 지나갔다

기차가 지난 철길
튀는 빛의 꼬리를 물고 날아가는 소리
훤한 달빛을 끊어버리고 내 이마를 지나는 소리
기차가 왔다 가고 세월이 왔다 간다
넘실대는 바다 물결
그 속에 내 모습까지 세상이 온통 검게 물들었다
바람 속에서
날개 없는 것들이 기차 위 내리고 있다
거대한 발자국 하나 없이
기차를 타다가 기차처럼 달리는 별을 보았다

## 나밖에 몰랐던 사람

간간이 불어오는 쓸쓸함
겨울바람처럼 슬픔도 차갑습니다.
하루가 지났습니다. 오늘 또 하루가 지나니
그리움이 넘쳐 목구멍 넘어가는 국물조차 따갑습니다
밤이 되면 눈을 뜨기 싫었습니다
훤한 달빛에 피어난 꽃
당신이 계시질 않아 만개할 수 없어 더 싫었습니다

나밖에 몰랐던 사람아
하릴없이 떠난 사람아

밤이 되면 울고 싶어집니다
별들이 흐드러지는 당신 곁, 참아온 눈물 쏟고 싶습니다
살면서 한 번쯤 가슴 아파해본 사람은 알 것입니다
추억을 놓친 사람은 집으로 가지 말라고
그리움 들어가면 바깥에 나오지 말라고
걸으면 걸을 때마다 당신 생각 자꾸만 나기 때문입니다

알고 보니 나도 당신밖에 모르는 바보입니다

# 기적소리

퉁탕거리며 달려오는 완행열차
간이역의 아련한 기적소리, 세상의 모든 길을 돌아
백 년째 만남과 이별을 지나가고 있는 중 인지도 모른다
처음으로 열차의 기적소릴 가까이서 보았다
늙은 소의 워낭소리처럼 뻐근하게 흔들리는 소리
하지만 그것이 멀면 멀어질수록
열차 뒤로 둥둥 멍울져 올라오는 아쉬움
머얼리 떠돌다가 내 가슴을 후비고 출렁이는 기적소리

멈칫멈칫 잘가라 손 흔드는 이별

그 이별, 철길 끝에 세워두고 얼마나 모질게도 떠나갔던가
어릴 적 어머니 처마 꼬리를 놓친 것처럼 목을 놓고 싶었다
머리가 하얘진 요즘 어디로 갔을까,
오래전 내 안에서 울던 기적소리
대전역에서 내려 급하게 먹는 우동 맛도
녹슬고 마모된 망각의 나는, 지금 어디로 가고 있는 것일까
기적소리 그리움만 쌓여가는 서러운 기적소리
들려온다, 길게 울음 울며 흩어지는 그 목이메인 기적소리가
그것은 정녕 떠나가는 소리가 아니었으리
목적지까지 가지 않고 중간에서 내리는
내 목메임이 사라지는 소리다

| 발문 |

## 구본윤 시집
# 『철길 가슴』 추천사

**松韻 차달숙** (시인/수필가)
(부산문학인협회 명예회장)

　나는 작가나 시인이 되기 전에 먼저 인간이 되어야 한다고 강조하는 쪽이다. 온전한 마음으로 그른 것을 버리고 옳은 것을 실천하는 사람, 자기완성을 게을리 하지 않는 사람이라야 좋은 글을 쓸 수 있다고 믿어 온 것이다. 진리와 진실을 사랑하고 인격을 닦으며 고상한 취미와 맑은 생각을 가지지 않고서야 어떻게 남에게 감동을 주는 글을 쓸 수 있겠는가.
　구본윤 시인의 글을 읽어 본 사람은 아시겠지만 글들이 일정한 품격을 갖추고 있다는 것에 동의할 줄로 안다. 글 곳곳에서 고상한 성품과 순수한 의지를 만났을 것이다. 아직 읽지 않은 분은 곧 만나게 될 것이다. 그래서 나는 지금 여기에 나의 소감을 쓰는 것이 기쁘고 즐겁다.

구본윤 시인은 부산 출생으로, 2015년 문예 계간지 《부산시단》으로 시인 등단, 글길 문학동인회 회장을 역임하였다. 필자가 부산문학인협회 회장으로 재임 중 사무국장을 맡아 회원 수를 100명 이상으로 늘리고, 종합문예지 계간 ≪문심≫의 질적 향상과 동백섬시화전 및 제1회~2회 ≪문심≫전국 詩 낭송 대회를 개최하는 등 문단 행정과 관리 능력을 인정받았다.

현재 부산문인협회 사무차장으로 부산문단에도 활동하고 있다. 그는 이미 자신의 시 세계를 탄탄히 구축하여 부산시단 작품상과 문심작품상, 제3회 문심문학상우수상(2022년)을 수상 한 바 있다. 근무 유공으로 부산문인협회 회장상과 한국문학신문 사장상, 부산시의회 의장상을 수상한 이력의 소유자다. 2019년 시집 『말할걸 그랬다』를 상재한 바 있고, 이번에 발간하는 시집 『철길 가슴』은 그의 두 번째 시집이다.

구본윤 시인의 시편을 넘길 때마다 진솔함으로 직조된 이미지들이 포착된다. 시의 맥은 서정이되 겸손하고 차분한 목소리로 자연과 세상을 노래한다. 쉽고 소박한 언어는 독자들에게 편안함과 안식을 가져다 준다. 구본윤 시인의 작품을 읽는 내내 필자는 보물

찾기의 행복감을 이어 갈 수 있었다. 시 창작은 시인의 세상을 향하여 자신의 표정과 눈빛으로 서정의 피륙을 짜 늘이는 일이다. 그러한 까닭으로 작가의 서정성을 읽어내는 일은 한 사람의 독자로서 충분히 행복한 일이다. 시에는 희망과 사랑이 숨어 있다. 독자는 힘들게 살아가거나 상처받고 아파하는 사람을 위로하고 치유하는 힘을 『철길 가슴』 시집에서 발견할 수 있을 것이다.

미국의 여류시인 에밀리 디킨스는 「사랑이란 이 세상 모든 것」이란 시에서 "사랑이란 이 세상 모든 것 / 우리 사랑이라 알고 있는 모든 것 / 그것이면 충분해, 하지만 그 사랑을 우린 / 자기 그릇만큼밖에 담지 못하리"라고 노래했다. 사랑을 담을 수 있는 그릇의 크기가 그 사람을 나타낸다.

구본윤 시인의 『철길 가슴』 시편에는 사람과 이웃, 자연에 대한 사랑이 가득하다. 또한 난해한 시를 읽느라 머리 아파하고, 고민할 필요가 없다. 속이 시원하고 만사 소통이요 편안하며 따뜻하다. 시행詩行 속에 새콤하고 달콤한 석류 알맹이가 알알이 박혀있다.

독자 제현님께 감히 일독을 제언하는 바입니다.

## 철길 가슴

**인쇄일** 2024년 5월 20일
**발행일** 2024년 5월 22일

**지은이** 구본윤
**펴낸곳** 도서출판 문심

**등록번호** 제2017-000012호
**주소** 부산시 수영구 수영로 668, 810호 (광안동 화목 O/T)
**전화** 051)752-7524 / 010-2831-4523
**메일** kby9172@naver.com

**ISBN** 979-11-90511-30-8  03800

값 15,000원